BEI GRIN MACHT SICH IHR WISSEN BEZAHLT

Strategien der Internationalisierung zur Erschließung neuer Absatzmärkte

Jonas Poré

GRIN ☺

Bibliografische Information der Deutschen Nationalbibliothek:

Die Deutsche Nationalbibliothek verzeichnet diese Publikation in der Deutschen Nationalbibliografie; detaillierte bibliografische Daten sind im Internet über http://dnb.d-nb.de abrufbar.

ISBN: 9783346472199
Dieses Buch ist auch als E-Book erhältlich.

© GRIN Publishing GmbH
Nymphenburger Straße 86
80636 München

Druck und Bindung: Books on Demand GmbH, Norderstedt Germany
Gedruckt auf säurefreiem Papier aus verantwortungsvollen Quellen

Das Buch bei GRIN: https://www.grin.com/document/1059669

Einsendeaufgabe

Alternative B

Strategien der Internationalisierung zur Erschließung neuer Absatzmärkte

abgegeben über den E-Campus am 23.03.2021

Inhaltsverzeichnis

Abbildungsverzeichnis

Tabellenverzeichnis

1. Teilaufgabe B1

1.1 Neue Märkte als Wachstumsmöglichkeit

Eine der wichtigsten Handlungsmöglichkeiten für ein Unternehmen, um Wachstum zu realisieren ist das Erschließen neuer Märkte im Ausland durch eine Ausweitung der Geschäftsaktivitäten (Mettig, 2018, S.123). So plant auch die Beispielunternehmung Cyclemania mit der Entwicklung und dem Verkauf von Mountainbikes Auslandsmärkte zu erobern, nachdem sie sich erfolgreich am Heimatmarkt in Deutschland etabliert und einen Namen gemacht hat.

Dabei kristallisieren sich für Cyclemania vier zentrale Faktoren heraus, die für eine verstärkte internationale Aktivität sprechen (Johnson, Whittington, Scholes, Angwin und Regnér, 2014, S. 264 f.):

Marktbezogene Faktoren beschreiben die Angleichung der unterschiedlichen Märkte bezüglich Kundenerwartungen und -bedürfnisse. Dadurch lassen sich einmal entwickelte Produkte einfacher in anderen Ländern vermarkten und absetzen.

Bei den kostenbezogenen Faktoren werden Erfahrungskurven und Skaleneffekte aufgrund steigernder Absatzmengen berücksichtigt. Erfahrungskurven erklären die statistisch sinkenden Stückkosten, bei einer Verdopplung der Ausbringungsmenge, um 20 bis 30 Prozent (Müller-Stewens und Lechner, 2011). Skaleneffekte erklären ebenfalls sinkende Stückkosten bei steigender Ausbringungsmenge. Gründe können Mengenrabatte bei der Beschaffung von Rohstoffen sein, Kostendegressionseffekte, da Kosten von Ressourcen auf eine höhere Ausbringungsmenge verteilt werden können oder Spezialisierungen von Mitarbeitenden (Mettig, 2018, S, 94ff.). Die erhöhte Ausbringungsmenge wird durch den erhöhten Absatz in ausländische Märkte notwendig. Darüber hinaus ist es möglich, Teile der Wertschöpfungskette in Länder zu verlegen, in denen die Leistungen günstiger erstellt werden. Hintergrund sind länderspezifische Kostenunterschiede (Mettig, 2018, S, 124).

Wettbewerbsbezogene Faktoren beschreiben die Notwendigkeit, unter Berücksichtigung der Wettbewerber in attraktive Märkte einzutreten. Dabei kann es von Vorteil sein als „First Mover", als erster einen Markt mit seiner Leistung zu betreten. Ist man einziger Anbieter, so kann man, zumindest theoretisch, Monopolgewinne generieren aufgrund mangelnden Wettbewerbes. Durch die erhöhte Nachfrage im frühen Stadium der Diffusion ist es möglich, schneller o.g. Lernkurven und Skaleneffekte aufzubauen. Des Weiteren können durch zeitige Geschäftsbeziehungen exklusive Quellen für Inputfaktoren erschlossen werden. Schafft es eine Organisation die Kunden von der Leistung früh zu überzeugen, kann eine frühzeitige Kundenbindung eintreten. Der „First Mover" hat jedoch den Nachteil eines erhöhten Marketingaufwands, da die Leistungen bzw. die Unternehmung und Marke erst bekannt gemacht werden muss. Entscheidet sich eine Unternehmung erst nach Wettbewerbern mit vergleichbaren Leistungen auf einen Markt einzutreten, so ist der Markt bereits für die entsprechenden Leistungen vorbereitet. Für den „Follower" ist es leichter, technologische Innovationen von der Konkurrenz zu imitieren. Außerdem kann der „Follower" aus den Fehlern und allgemein von den Wettbewerbern, die bereits auf dem Markt existieren, lernen (Mettig, 2018, S. 149ff.). Rayna und Striukova (2009) betonen, dass Follower durch inkrementelle Innovation einen stärkeren Marktanteil erhalten können als „First Mover" durch radikale Innovation.

Regierungsbezogene Faktoren beziehen sich auf die voranschreitenden Deregulierungen der Märkte und dem kontinuierlichen Abbau von Handelshemmnissen. Gerade die Welthandelsorganisation (WTO) treibt den internationalen Handel durch Schaffung von Freihandelszonen voran. Dadurch wurden Markteintrittsbarrieren und Kosten, wie Zölle erheblich gesenkt. Durch Schaffung von technischen Standards reduziert sich der Aufwand für lokale Anpassung der Leistungen am Heimatmarkt. Außerdem haben sich in den letzten Jahren viele planwirtschaftliche und isolierte Länder den Märkten geöffnet, wie beispielsweise China oder die ehem. Sowjetunion (Mettig, 2018, S. 125).

Zusätzlich zu den vier genannten Faktoren kann die Digitalisierung als wichtiger Aspekt für eine zunehmende Internationalisierung genannt werden. Für Organisationen mit nicht digitalen Produkten, wie es bei Cyclemania der Fall ist, ermöglichen digitale Kommunikationstechnologien eine einfachere Koordination von global verteilten Wertschöpfungsnetzwerken zu stetig sinkenden Kosten.

Diese genannten Gründe zementieren die Bestrebungen von Cyclemania, ausländische Märkte zu erschließen, um Wachstum zu generieren.

1.2 Typologie der Internationalisierungsstrategien

Um erfolgreich auf ausländischen Märkten zu operieren, ist es wichtig, die richtige Strategie dafür auszuwählen. Im Laufe der Zeit ist ein Wechsel der Strategie nicht unmöglich, jedoch äußerst schwierig und mit erheblichem Aufwand verbunden (Bartlett und Ghoshal, 1989, S. 61). Daher sollten nun die richtigen Weichen für Cyclemania gelegt werden.

4

Dafür wird im Folgenden die unterschiedlichen Typen von Strategien nach Bartlett und Ghoshal (1989) voneinander abgegrenzt und eine Handlungsempfehlung gegeben. Die unterschiedlichen vier Strategien lauten: Multinationale Strategie, globale Strategie, internationale Strategie (auch Exportstrategie genannt) und transnationale Strategie.

Die multinationale Strategie berücksichtigt sehr sensitiv und responsiv die Unterschiede des nationalen Kontextes der unterschiedlichen Länder und Regionen auf der Welt. Das Mutterunternehmen gibt den ausländischen Niederlassungen strategische Freiheiten und die Autonomie, eigene Entscheidungen zu treffen. Dadurch können die Niederlassungen sehr unabhängig und selbstständig von dem Mutterunternehmen agieren. Dies kann so weit gehen, dass die Niederlassungen wie im Falle von der International Telephone and Telegraph Corporation (ITT), als lokale eigenständige Unternehmen operieren. Multinationale Unternehmen managen also ein Portfolio, bestehend aus mehreren nationalen Einheiten (Bartlett und Ghoshal, 1989, S. 16).

Ein multinationales Unternehmen definiert sich durch eine dezentralisierte Vereinigung von Vermögenswerten und verschiedenen Finanzkontrollsystemen, welche als Managementprozess fungieren. Dieser Managementprozess ist der informellen persönlichen Koordination überlagert. Hinzu kommt eine dominant strategische Mentalität, die die weltweite Aktivität des Unternehmens als Portfolio nationaler Unternehmen betrachtet (Bartlett und Ghoshal, 1989 S.56).

Für die Implementation einer multinationalen Strategie werden große und unabhängige Niederlassungen bzw. Unternehmenseinheiten im Ausland gegründet. Diese betreiben unabhängige Vertriebs-, Produktions-, Forschungs- und Entwicklungsaktivitäten, sowie Marketingaktivitäten. Auf Seiten der Tochtergesellschaft kann diese autonomische Arbeitsweise zu Effizienz und Motivation führen (Sure, 2017, S. 85).

Der Nachteil dieser Strategie besteht darin, dass gleiche Wertschöpfungsaktivitäten an unterschiedlichen Standorten, in unterschiedlicher Ausführung, in der ganzen Welt betrieben werden. Dadurch wird eine einheitliche Markenführung erschwert (Mettig, 2018, S. 129). Des Weiteren wird die Ausnutzung von Skalen- und Synergieeffekten über die verschiedenen Gesellschaften der Organisation hinweg verhindert. Darüber hinaus kann das Produktportfolio dadurch aufgebläht werden, was zu steigenden Preisen führen kann. (Sure, 2017, S. 85).

Ein Unternehmen sollte diese Strategie wählen, wenn lokale Anpassungserfordernisse stärker gewichtet werden als Vereinheitlichung und eine globale Integration. Gerade in der Lebensmittelindustrie oder Konsumgüterindustrie wird diese Strategie bevorzugt verwendet (Mettig, 2018, S. 129.)

Die globale Strategie ist getrieben von Effizienz und sehr zentralisiert in den strategischen und operativen Entscheidungen. Der globale Markt wird als integriertes Ganzes wahrgenommen, wodurch die nationalen Unterschiede nur unzureichend Beachtung finden. Hierbei sind die Bedürfnisse des weltweiten Konsumenten und die globale Umwelt die dominanten Einheiten der Analyse, im Gegensatz zum Nationalstaat oder dem lokalen Markt. Die Produkte und Strategien der Unternehmung, welche die globale Strategie nutzen, werden entwickelt, um einen integrierten einheitlichen Weltmarkt zu nutzen. Der Entscheidungsprozess findet zentral im Mutterunternehmen statt, wodurch den Niederlassungen geringe Autonomie gestattet wird (Bartlett und Ghoshal, 1989 S.16).

Das heißt, dass das Mutterunternehmen die wesentliche Aufgabe der Steuerung und Kontrolle, sowie Integration der global standardisierten Aktivitäten hat. Dabei wird versucht Redundanzen zu minimieren und Geschäftsprozesse zu rationalisieren, um besser auf Marktveränderungen reagieren zu können (Sure, 2017, S. 85).

Allerdings ist es für Niederlassungen nur schwer möglich, neue Produkte und Strategien eigenständig zu entwickeln oder bestehende zu modifizieren. Lediglich leichte Veränderungen, wie etwa eine veränderte Oberflächenfarbe eines Produkts, sind im Bereich des Möglichen. Auf landesspezifische Präferenzänderungen lässt sich so nur schwer bis gar nicht eingehen (Sure, 2017, S. 85).

Hintergrund dieser Strategie ist es, ausländische Märkte zu erreichen, um Kostenvorteile zu generieren. Durch Standardisierung der Leistung und Bündelung von Marketingaktivitäten, sowie Funktionen wie des Personalwesens oder der Buchhaltung, lassen sich Kostenvorteile durch o.g. Skaleneffekte erreichen. Diese standardisierten Aktivitäten können an den Orten durchgeführt werden, an denen sie am kostengünstigsten oder mit der besten Qualität realisiert werden. Der Wertschöpfungsprozess wird somit auf der ganzen Welt verteilt. Dafür erforderlich sind jedoch ein sehr hoher Koordinationsaufwand und eine starke Integration der globalen Prozesse. (Bartlett und Ghoshal, 1989 S.56ff).

Gerade für Unternehmen, die dem Preiswettbewerb ausgesetzt sind, eignet sich die globale Strategie, um Kostenvorteile zu erhalten. Dadurch sollte ein Vorteil den Wettbewerbern gegenüber erzielt werden. Bei zu starker Standardisierung und Fokussierung auf die Kosten ist der Nachteil der globalen Strategie das Ignorieren von regionalen Unterschieden. Oft werden dabei die Anforderungen der Kunden in den unterschiedlichen nationalen Märkten zu wenig berücksichtigt, wodurch man einen Nachteil denjenigen Unternehmen gegenüber hat, die sich besser auf die regionalen Unterschiede spezialisieren können. Außerdem besteht die Gefahr, dass die Organisation sehr träge wird, was durch den hohen benötigten Koordinationsaufwand hervorgerufen wird (Bartlett und Ghoshal, 1989 S.56ff.; Mettig, 2018, S. 129f.).

Die internationale Strategie oder auch Exportstrategie genannt, zeichnet sich dadurch aus, dass das Wissen und die Expertise des Mutterunternehmens in ausländische Märkte transferiert und adaptiert wird. Dies war in der Vergangenheit besonders für die Märkte relevant, die geringer entwickelt waren. Während dies geschieht, behält das Mutterunternehmen Einfluss und einen gewissen Grad an Kontrolle. Das Management hat auf der einen Seite die Bereitschaft zur Übertragung von Verantwortung und behält dennoch auf der anderen Seite die Gesamtkontrolle. Dabei spielen Informationskanäle eine wichtige Rolle, die von den zentralen Mitarbeitenden interpretiert werden. So erfahren die Tochterunternehmen durch das Topmanagement eine richtungsweisende Steuerung (Bartlett und Ghoshal, 1989, S.56 f.). Die Kernkompetenzen der Unternehmung laufen zentralisiert ab, während Prozesse, die nicht zu den Kernkompetenzen gehören, dezentral ablaufen können (Bartlett und Ghoshal, 1989, S.75).

Diese Strategie eignet sich für Unternehmen, die wenig Druck verspüren, ihre Leistungen kostengünstiger herzustellen oder sich stark an unterschiedlichen ausländischen Märkten anpassen müssen. Dadurch wird die Leistung am Heimatmarkt produziert und ohne große Modifikation in sämtlichen ausländischen Standorten abgesetzt. Die Entwicklungen der Leistungen wird dabei im Heimatmarkt vorgenommen, wobei die Produktion, der Vertrieb und das Marketing im Ausland stattfinden kann, ohne dass das Mutterunternehmen darüber eine starke Kontrollfunktion ausüben muss. Um zu gewährleisten, dass die strategischen Ziele des Mutterunternehmens eingehalten werden, können Delegierte an die ausländischen Standorte entsendet werden. Wenig Konkurrenz und homogene Kundenbedürfnisse, sowie das Operieren auf Nieschenmärkten begünstigt das Wählen der internationalen Strategie für Unternehmen (Sure, 2017, S. 84). Dennoch lauert die Gefahr, dass lokale Unterschiede zu wenig Beachtung finden. Dieser Nachteil zeigt sich zwar im geringeren Maße als bei der globalen Strategie, jedoch sollte er nicht ignoriert werden. Das Beispiel von Apple und dessen Schwierigkeiten auf dem asiatischen Markt dient hier als Beispiel (Mettig, 2018, S. 128).

Mithilfe der transnationalen Strategie soll, laut Bartlett und Ghoshal (1989), das simultane Ziel von globaler Effizienz, nationaler Responsivität und die Fähigkeit Wissen weltweit zu entwickeln und zu nutzen erreicht werden (S. 65). Es wird versucht, die Vorteile der Skaleneffekte mit denen, der Anpassung des Produktportfolios an den lokalen Markt, zu verbinden. Die daraus hervorgehende Kombination aus Differenzierungs- und Standardisierungsmöglichkeiten müssen marktabhängig individuell evaluiert und gestaltet werden (Sure, 2017, S. 84). Eine Möglichkeit, wie die transnationale Strategie konkret umgesetzt wird, ist das Produzieren von identischen Bauteilen an einzelnen Standorten. Die produzierten Bauteile werden dann vor Ort, in den unterschiedlichen Ländern, den länderspezifischen Kundenpräferenzen entsprechend modifiziert. Als Konsequenz führt diese Strategie zu einer komplexen und multiplen Lieferanten- und Leistungsverflechtung, welche den Aufwand der Koordination wesentlich steigert. Je stärker das Unternehmen in der Lage ist, die eigene Kernkompetenz innerhalb der Organisation zu navigieren und neue, bessere Kernkompetenzen an verschiedenen Standorten zu generieren, desto erfolgreicher ist das Unternehmen mit der transnationalen Strategie.

Je nach Situation werden zusätzlich die regionalen Strategien der einzelnen Niederlassungen diskutiert. Dadurch wird die globale und länderspezifische lokale Perspektive um eine weitere, nämlich der regionalen Perspektive, ergänzt. Dies führt dazu, dass die regionale Perspektive die länderspezifische lokale Perspektive aufgrund der höheren Aggregationsebene verdrängt. Dabei kann die Differenzierungsperspektive regional ausgerichtet werden, wodurch regionale Unterschiede der Kundenpräferenzen berücksichtigt werden (Sure, 2017, S. 84).

Während Unternehmen mit anderen Strategien entweder eine klare Abhängigkeitsbeziehung gegenüber dem Mutterunternehmen aufweisen (globale Strategie) bzw. die Niederlassungen sehr unabhängig operieren können (multinationale Strategie), so ist die transnationale Strategie geprägt von einer interdependenten Beziehung (Bartlett und Ghoshal, 1989 S.105). Durch die Interdependenz ist der weltweite Wissensaustausch zwischen den einzelnen Einheiten der Organisation sehr wichtig. Daher sollte ein gut durchdachtes Informations- und Kommunikationssystem in der Organisation etabliert werden.

So attraktiv diese Strategie scheint, da sie die Vorteile der anderen Strategien, also die Vorteile der Lokalisierung bzw. Differenzierung, sowie die Vorteile der Globalisierung bzw. Standardisierung versucht zu vereinen, so schwierig ist die Umsetzung. Grund ist das Ausbalancieren von Zielkonflikten der Organisation. (Mettig, 2018, S. 129)

Tabelle 1 gibt einen Überblick über die Charakteristiken und beschreibt die organisationalen Kernattribute von multinationalen, globalen, internationalen und transnationalen Unternehmen.

Charakteristik	Multinational	Global	International	Transnational
Rolle d. ausländischen Tätigkeiten	Erkennen & ausnutzen lokaler Möglichkeiten	Implementierung von Strategien des Mutterkonzerns	Anpassung & Nutzung der Kompetenzen der Muttergesellschaft	Differenzierte Beiträge nationaler Einheiten zu integrierten weltweiten Tätigkeiten
Entwicklung & Verbreitung von Wissen	Wissen wird in jeder Einheit entwickelt & beibehalten	Wissen wird im Mutterkonzern entwickelt & beibehalten	Wissen wird im Mutterkonzern entwickelt & an ausländische Einheiten übertragen	Wissen wird gemeinsam entwickelt & weltweit geteilt
Gestaltung & Verteilung von Vermögenswerten & Fähigkeiten	Dezentralisiert & national selbstständig	Zentralisiert & global skalierend	Kernkompetenzen zentralisiert, anderes dezentralisiert	Zerstreut, interdependent & spezialisiert

Tabelle 1: Charakteristiken der idealtypischen Strategien für Internationalisierung (Quelle: Eigene Darstellung, in Anlehnung an Bartlett und Ghoshal, (1989), S.77)

Zusammengefasst können die vier Strategietypen in einer Vier-Felder-Matrix dargestellt werden (siehe Abbildung 1). Auf der X - Achse befinden sich die Vorteile der Lokalisierung bzw. Differenzierung. Auf der Y- Achse befinden sich die Vorteile der Globalisierung bzw. Standardisierung. Es zeigt sich sehr deutlich, dass beide Achsen Zielkonflikte darstellen, wobei die transnationale Strategie wie bereits angesprochen versucht, beide Ziele zu vereinen.

	hoch	Globale Strategie	Transnationale Strategie
	gering	Internationale Strategie	Multinationale Strategie
		gering	hoch

Vorteile der Globalisierung bzw. Standardisierung (vertikale Achse)

Vorteile der Lokalisierung bzw. Differenzierung

Abbildung 1: Idealtypisches Strategiespektrum für Internationalisierung
(Quelle: Sure, 2017, S. 84)

Auch wenn die o.g. Strategieoptionen in ihrer Reinform in der Regel nicht vorkommen, so besitzen sie einen starken analytisch-konzeptionellen Wert. Cyclemania wird dadurch zur Entscheidung angeregt, auf welcher Grundlage die Internationalisierung durchgeführt werden soll und wie dessen Zielsetzung auszusehen hat. Für die Zukunft sollte beachtet werden, dass nach dem Auswählen einer der hier diskutierten Strategieoptionen Mischungen möglich sind. Die Situation der Unternehmung sollte ständig evaluiert werden, wodurch man zu dem Schluss kommen kann, dass Teile der Wertschöpfungsaktivität eine stärkere lokale Anpassung erfahren, während andere sich einer globalen Integration unterwerfen sollten (Mettig, 2018, S. 129).

Um eine Handlungsempfehlung für Cyclemania vornehmen zu können, muss zunächst geklärt werden, inwiefern die Unternehmung sich entsprechend dem Produktportfolio an die regionalen Kundenbedürfnisse anpassen muss. Dann würde sich eine multinationale Strategie anbieten. Durch die hohen Redundanzen in der Leistungserstellung, welche für jeden Markt individuell anfallen können, hat die Organisation einen sehr hohen Kapitalbedarf, was ebenfalls geprüft werden muss. Sollte der Fokus eher auf den Kosten liegen, wobei das Produktportfolio es erlaubt, eine hohe und gleichartige Ausbringungsmenge zu generieren, bietet sich die globale Strategie an. Hierbei muss geprüft werden, ob sich das Leistungsangebot standardisieren lässt und die international ablaufenden Leistungserstellungsprozesse koordinierbar sind. Eine Gefahr bei der globalen Strategie für Cyclemania ist die Erleichterung von Markteintritten für Konkurrenten, da man durch die globale Strategie auch immer einen globalen Markt schafft, welcher potenziell zugänglich für o.g. Follower ist. Steht der Unternehmung vergleichsweise geringere Kapitalressourcen zur Verfügung, würde sich eine internationale Strategie anbieten. Hintergrund ist, dass die Leistungsentwicklung und -erstellung weitestgehend auf dem Heimatmarkt erfolgt. Dabei muss beachtet werden, ob das Leistungsangebot auf einem weltweiten Markt ohne größere Anpassungen akzeptiert wird. Des Weiteren ist zu berücksichtigen, dass die Herstellkosten im Heimatmarkt oftmals höher sind, was ein Nachteil gegenüber der globalen Strategie birgt.

Für die Realisierung der transnationalen Strategie müsste ein globaler Kern des Produkts entstehen. Im Fall von Cyclemania wären das die zu verkaufenden Mountainbikes, welche sich dann modularisieren lassen müssten, um sie damit an die jeweiligen lokalen Märkte anpassen zu können. Zwar beherbergt die transnationale Strategie die größten Chancen aus lokaler Anpassung und durch geschickte Modulation erzielten niedrigen Kosten, jedoch ist die dadurch resultierende Komplexität nur schwer steuerbar (Mettig, 2018, S. 176-177).

1.3 Handlungsempfehlung für Cyclemania

Diese Strategieoptionen verdeutlichen, dass sich das Management einer international aufstellenden Unternehmung in einem Spannungsfeld befindet. Innerhalb von diesem Spannungsfeld müssen entsprechende Entscheidungen getroffen werden. Es muss zwischen Differenzierung und Standardisierung, Lokalisierung und Globalisierung, sowie Dezentralisierung und Zentralisierung entscheiden werden. Dabei müssen die Kontextfaktoren der Unternehmung erkannt und berücksichtigt werden.

Abgeleitet aus der oben beschrieben Ausführung zu den vier strategischen Grundtypen soll nun für die Beispielunternehmung Cyclemania eine Strategie gewählt werden. Dazu muss zunächst die Unternehmung, sowie die angebotenen Leistungen analysiert werden. Da die Prüfungsaufgabe nur begrenzt Informationen über die Unternehmung liefert, werden diese durch einige Annahmen über Cyclemania ergänzt. Zielgruppe der Unternehmung sind preisbewusste und jüngere Biker. Die Kernkompetenz liegt auf dem Design und der Produktion von, auf der einen Seite innovativen und qualitativ hochwertigen und auf der anderen Seite bezahlbaren Mountainbikes. Die Rahmen der Mountainbikes bestehen ausschließlich aus Carbon. Carbon als Material ist zwar teurer als Aluminium oder Stahl, jedoch ist es qualitativ hochwertiger (Statista Research Department 2012;

Wilke o.D.). Des Weiteren wird an den Materialien der Federelemente, der Bremsen und des Antriebs nicht gespart. Dadurch hat Cyclemania das Problem von erhöhten Produktionskosten. Der Vertrieb findet momentan über einen Verkaufsladen in Hamburg, sowie über einen Webshop statt. Der Webshop soll einem internationalen Publikum zugänglich gemacht werden und Sprachbarrieren abgebaut werden. Außerdem sollen Verkaufsläden in den unterschiedlichen Zielländern sukzessive etabliert werden, damit zusätzlich zum Webshop eine Beratung und der Verkauf vor Ort stattfinden kann.

Um auf den internationalen Markt vorzustoßen, wird die globale Strategie empfohlen. Bei der grundlegenden Abwägung zwischen lokaler Anpassung und kosteneffizientem Handeln, fällt die Wahl auf das effiziente Nutzen des globalen Marktes zugunsten niedriger Preise. Während die Entwicklung der Mountainbikes nach wie vor in Hamburg durchgeführt werden kann, sollte die Produktion in Länder erfolgen, in denen die Lohnkosten geringer sind. Dabei sollte die generelle Strategie und die Art der Produktion vom Hamburger Mutterkonzerns klar vorgegeben werden, damit keine Qualitätseinbußen in Kauf genommen werden müssen.

Über die Produktion hinaus können standardisierte Aktivitäten wie das Personalwesen und die Buchhaltung ebenfalls in Länder mit geringeren Lohnkosten ausgelagert werden. Die lokale Anpassung der Produktpalette an die individuellen Märkte spielt nur eine untergeordnete Rolle, da Mountainbikes anders als zum Beispiel Nahrungsmittel nur sehr gering an lokale Märkte angepasst werden müssen. Durch die niedrigeren Produktionskosten und die generierten Skaleneffekte soll versucht werden, bei gleichbleibender Qualität die Konkurrenz preislich zu unterbieten.

Dabei spielt das Marketing eine wichtige Rolle, was ebenfalls gebündelt und international eingesetzt werden muss. Das hat zur Folge, dass eine globale Markenführung betrieben werden soll, welche sich von den Wettbewerbern auf den Ländermärkten unterscheidet (Gutting, 2020, S. 123).

Die multinationale Strategie mit dem Schwerpunkt auf lokale Märkte und Kundenpräferenzen ist, aufgrund des Produkts Mountainbike und dessen geringe Notwendigkeit von Marktanpassung, nicht zu empfehlen. Außerdem generiert Cyclemania durch günstige Verkaufspreise bei hoher Qualität nur geringe Margen. Durch die niedrige Gewinnspanne konnte das Unternehmen in seiner jungen Geschichte nicht das nötige Kapital aufbauen, um dem o.g. hohen Kapitalbedarf der multinationalen Strategie gerecht zu werden. Ebenso kann die transnationale Strategie nicht empfohlen werden, da sie in der Regel zu komplex ist, um tatsächlich durchführbar zu sein. Da Cyclemania einen Kostendruck verspürt, um zeitgleich innovative und qualitativ hochwertige, aber dennoch kostengünstige Produkte für die Zielgruppe anbieten zu können, kann auch die internationale Strategie nicht empfohlen werden.

2. Teilaufgabe B2

Nachdem eine grundsätzliche Strategie für eine internationale Aktivität bestimmt wurde, sollten nun potenziell attraktive Märkte ausgelotet werden, auf denen das Unternehmen aktiv werden möchte (Mettig, 2018, S. 130). Auf Basis der analysierten Marktauswahl, kann beschlossen werden, inwiefern der Markteintritt vollzogen werden soll.

In dieser Teilaufgabe soll kritisch diskutiert werden, ob sich für Cyclemania ein Joint Venture oder der Exportweg anbieten würden, um die ausländischen Märkte zu erobern.

Die Exportstrategie legt den Schwerpunkt der betrieblichen Funktionen auf den Vertrieb. Dies kann in indirekter oder direkter Form durchgeführt werden (Sure, 2017, S. 89). Beim direkten Export erfolgt der Verkauf der Produkte und Dienstleistung ohne Intermediären direkt an die Abnehmer im Ausland. Dadurch besitzt eine Organisation höhere Steuerungs- und Kontrollmöglichkeiten. Zusätzlich hat der direkte Export den Vorteil, niedrigere Transaktionskosten zu verursachen, da diese Kosten nicht bei der Herstellung der Produkte, sondern bei der Übertragung der Produkte von Verkäufer zu einem Käufer entstehen. Durch direkten Export fallen diese Kosten geringer aus. Zusätzlich ist es einfacher, komplexe Produkte direkt selbst zu vertreiben, als zwischengeschalteten Unternehmen die komplexen Produkte erst erklären zu müssen. Als Nachteile sind höhere Risiken zu vermerken, da nicht klar ist, wie leicht sich die Produkte an den Endkonsumenten verkaufen lassen (Sure, 2017, S. 90).

Dem gegenüber steht der indirekte Export, bei dem das Unternehmen die Produkte an Mittlerunternehmen wie Händler, Agenten oder generell an Firmen im Ausland verkauft. Diese verkaufen die Produkte dann weiter an die entsprechenden Endverbraucher. Diese Variante eignet sich besonders für Unternehmen, die bisher nur wenig, bis keine Erfahrungen auf einem ausländischen Markt gesammelt haben. Dabei kann so vorgegangen werden, dass zunächst die Produkte und Marke sich auf dem ausländischen Markt etabliert, wonach dann von der indirekten zu direkten Exportvariante gewechselt werden kann (Rodrigues, 2009, S.172). Darüber hinaus hat die indirekte Variante den Vorteil, dass zunächst weniger Ressourcen eingesetzt werden müssen, sowie ein geringeres Risiko besteht. Als Nachteil sind die erhöhten Transaktionskosten zu nennen. Außerdem ist der mangelnde direkte Kundenkontakt problematisch, wodurch eine erhöhte Responsivität bei Veränderung von Kundenpräferenzen erreicht werden würde. Hinzu kommt die Vertriebsproblematik bei komplexen betreuungs- und erklärungsintensiven

14

Produkten, was mit dem fehlenden direkten Kundenkontakt zusammenhängt. Schließlich ist noch die schwierige Kontrollierbarkeit des Intermediären als Nachteil zu nennen. Das wird noch erschwert, wenn dieser im Zielmarkt präsent ist (Sure, 2017, S. 89 – 90).

Ein Joint Venture ist die gängigste Form von Gemeinschaftsunternehmen von zwei oder mehr ökonomisch und rechtlich getrennten Unternehmen im internationalen Kontext. Die Zusammenarbeit führt zur kooperativen Führung einer rechtlich selbstständigen Organisation. Dabei können die Stimmrechts- und Kapitalanteile paritätisch oder in asymmetrischer, das heißt nicht zu gleichen Teilen verteilter, Anteilskonstellationen existieren (Perlitz und Schrank, 2013, S. 406; Sure, 2017: S. 92 - 93). Sollte ein Joint Venture paritätisch geführt werden, können Uneinigkeiten und Konflikte bei der strategischen Ausrichtung des Unternehmens aufkommen. Daher ist es wichtig, dass die Ausstattung der Ressourcen, die Geschäftsbefugnisse sowie die Organe exakt definiert werden. Diese werden durch detailliertere Absprachen wie Lieferverpflichtungen, Lizenzgewährungen sowie Darlehensvergaben ergänzt (Perlitz und Schrank, 2013, S. 406; Sure, 2017, S. 93). Da Konflikte dennoch potenziell auftreten können, sollten Mechanismen zur Konfliktbereinigung direkt vertraglich integriert werden, wie zum Beispiel klar definierte Bedingungen für den Ausstieg einzelner Partner aus dem Joint Venture.

Manche Regierungen in Schwellenländern schreiben ein Joint Venture sogar zwingend vor, bei dem das jeweils inländische Unternehmen eine Mehrheitsbeteiligung innehat, um dadurch besser Effizienzvorteile oder das damit zusammenhängende Know-how in verstärktem Maße zu realisieren (Sure, 2017, S. 92).

Der Vorteil des internationalen Joint Ventures ist das geteilte Risiko, sowie der geteilte und damit geringere Kapitalbedarf. Dies kommt besonders zum Ausdruck, wenn man den Kapitalbedarf des Joint Ventures mit dem einer vollständig eigenen zu gründenden Tochtergesellschaft vergleicht. Zusätzlich hat man dadurch Zugang zu lokalen Ressourcen und lokalen Rohstoffen, sowie regierungsinitiierten Förderprogrammen und Subventionen im Gastland. Außerdem kann das Unternehmensimage, beziehungsweise die Bekanntheit des eigenen Unternehmens durch Kooperationen mit attraktiven lokalen Unternehmen verbessert werden. Des Weiteren können über den Partner positive Skalen- und Lerneffekte generiert werden. Vor allem in Schwellenländern existieren Local-Content Vorschriften, wonach ein gewisser Anteil von Zulieferteilen im eigenen Land hergestellt werden müssen. Diese Local-Content Vorschriften und weitere Handelshemmnisse werden mithilfe des Joint Ventures umgangen (Perlitz und Schrank, 2013, S. 406 – 407).

Als Nachteile sind die bereits angesprochen Steuerungs- und Kontrollaufwendungen, sowie das Auftreten einer ganzen Reihe von Konflikten zu nennen. Dazu zählen strate-

15

gische Zielkonflikte, auftretende Konflikte bei der Gewinnverwendung und der zu verwendenden Marketingstrategie, sowie soziokulturelle Konflikte. Außerdem kann ein Verlust von Kontroll- und Einflussmöglichkeiten auftreten. Schließlich gilt als Nachteil die durch Abstimmung mit den Partnern induzierte langsamere Anpassung an politische, rechtliche oder marktliche Änderungen. Die Organisation verliert dadurch an Flexibilität. (Perlitz und Schrank, 2013, S. 406 – 407; Sure, 2017, S. 93).

Abbildung 2 zeigt unterschiedliche Markteintritts- und bearbeitungsformen im Vergleich. Der Markeintritt beschreibt den originären Eintritt eines Unternehmens auf einen ausländischen Markt. Marktbearbeitungsformen beziehen sich auf die zeitlich herausbildende Bearbeitung von ausländischen Märkten, die die Organisation bereits betreten hat (Sure, 2017, S. 89). Um die Markteintritts- und Marktbearbeitungsformen zu systematisieren, bieten sich die Kriterien der Kontrollmöglichkeit und des Kapitaleinsatzes im Ausland an.

Auf der Abbildung 2 erkennt man auf der X-Achse den Kapitaleinsatz im Ausland und auf der Y-Achse die Kontrollmöglichkeiten. Dabei ist gut erkennbar, dass im direkten Vergleich die Form des Exports einen niedrigeren Kapitaleinsatz im Ausland benötigt, zeitglich jedoch geringe Kontrollmöglichkeiten bietet. Das Joint Venture benötigt einen höheren Kapitaleinsatz, liefert jedoch höhere Kontrollmöglichkeiten im Ausland.

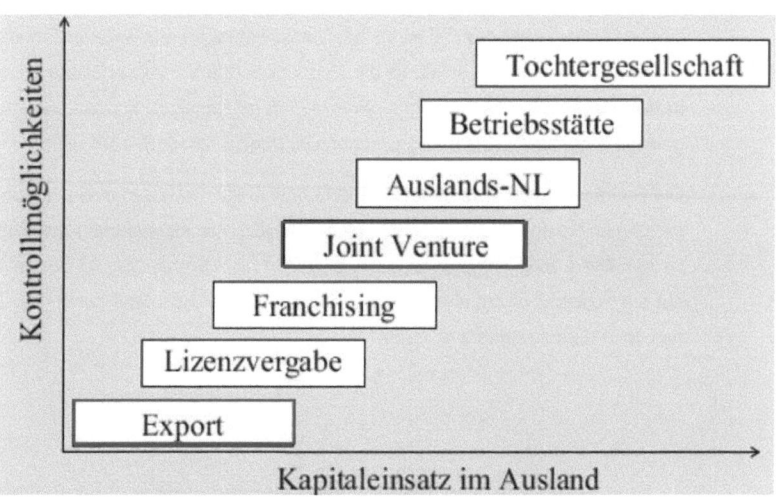

Abbildung 2:   Markteintritts- und bearbeitungsformen im Vergleich
(Quelle: Sure, 2017, S. 89)

Die Unternehmung besitzt gerade beim indirekten Export der hergestellten Produkte so gut wie keine Möglichkeit, um auf den Vertrieb im Ausland Einfluss zu nehmen. Die Kontrollmöglichkeiten der Unternehmung enden an der Landesgrenze, da sich in diesem Fall die exportierende Unternehmung diverse fremde Vertriebsstätten (Intermediäre) sucht, welche völlige Kontrolle über die Produkte übernehmen. Dies erklärt auch den geringen Kapitaleinsatz im Ausland.

Geht man ein Joint Venture ein, so behält man, wie oben beschrieben, zumindest zum Teil die Kontrolle über operative und strategische Entscheidungen, da diese mit den Partnern des Gemeinschaftsunternehmens geteilt werden. Die Tiefe der Kontrolle wird determiniert von der individuellen Ausgestaltung des Joint Ventures und ist somit vertragsabhängig. Die gängigste Form des Joint Ventures ist jedoch die gleichberechtigte Ausgestaltung.

Eine weitere Überlegung für Organisationen, ob die Exportstrategie oder das Joint Venture geeignet ist, ist das Berücksichtigen der Kriterien der Handelbarkeit und die Breite des Wettbewerbsvorteils am Zielmarkt. Ein Produkt, bzw. eine Leistung, ist dann handelbar, wenn Handelsbeziehungen genutzt werden können, wodurch die Leistung im ausländischen Markt angeboten werden kann.

Darüber hinaus wird eine Leistung handelbar, wenn sie transportierbar ist, was bei physischen Gütern eher der Fall ist als bei Dienstleistungen. Ein weiterer Punkt, welcher in die Handelbarkeit hineinspielt, ist die Möglichkeit, die Vertragserfüllung bei einer eventuellen Verletzung des Vertrages gerichtlich durchsetzen zu können und inwiefern das geistige Eigentum im Zielmarkt geschützt ist (Mettig, 2018, S. 132).

Die Breite des Wettbewerbs im Zielmarkt beschreibt. Inwiefern eine Unternehmung die benötigten Kompetenzen und Fähigkeiten besitzt, um eigenständig auf dem Zielmarkt zu operieren. Sind entsprechende Fähigkeiten nicht vorhanden, ist die Unternehmung auf die Kooperation mit einem lokalen Partner angewiesen, was durch das Gründen eines Joint Ventures gegeben wäre.

Abbildung 3:   Internationale Markteintrittsstrategien im Überblick
(Quelle: Mettig, 2018, S. 132)

Abbildung 3 zeigt eine Vier-Felder-Matrix und kombiniert die Kriterien des Wettbewerbs-vorteils im Zielmarkt und die Handelbarkeit.

Bleibt genug Zeit für ein Unternehmen, so kann durch ein schrittweises Vorgehen suk-zessive das eigene Verständnis über den ausländischen Markt ausgebaut werden (Met-tig, 2018, S. 132). Für diese Unternehmen sind daher Pfade von Markteintrittsstrategien erkennbar. Zu Beginn der internationalen Tätigkeit sind Exporte ein beliebter Einstieg, da im Vergleich zu andern Markteintrittsstrategien geringere Fixkostenrisiken auftreten. Hintergrund ist der fehlende Aufwand für das Aufbauen und Aufrechterhalten eigener Aktivitäten im Ausland. Bei vertiefenden Kenntnissen und erhöhtem Absatz wechselt die Unternehmung meist zu eigenen direkten Investitionen. Dabei ist das Joint Venture eine der Möglichkeiten, um selbst aktiv auf dem ausländischen Markt zu agieren (Macharzina und Wolf, 2015, S.951-952; Mettig, 2017, S. 131).

Für Cyclemania kann empfohlen werden, den Weg des Exports zu gehen. Zunächst zeichnen sich die Leistungen von Cyclemania durch eine erhöhte Handelbarkeit aus. Der Vertrieb von hauptsächlich Mountainbikes stellt ein physisches Produkt dar, welches leicht zu transportieren ist. Darüber hinaus sollte in die Länder exportiert werden, in die eine Ertragserfüllung erzwungen werden kann. Dazu bieten sich die europäischen Län-der an, da hier eine erhöhte Rechtssicherheit herrscht. Durch den Schengenraum kön-nen die anderen Mitgliedsstaaten als großer Binnenmarkt angesehen werden, was Han-delshemmnisse asymptotisch gegen null gehen lassen. Darüber hinaus besteht der Vor-teil für Cyclemania, dass geringe Fixkostenrisiken eingegangen werden müssen.

Cyclemania steht klar einem trade-off zwischen der Kontrolle über die produzierten Leistungen und dem Kapitaleinsatz gegenüber. Aufgrund der Größe des Unternehmens wird jedoch empfohlen, sich für den geringeren Kapitaleinsatz und damit für den Exportweg zu entscheiden.

Bei der Wahl zwischen direktem und indirektem Export, wird der indirekte Export empfohlen, da bisher keinerlei Erfahrungswerte auf dem ausländischen Markt gesammelt werden konnten. Außerdem besteht nicht die Notwendigkeit, extrem komplexe Produkte den Importeuren erst erklären zu müssen, was für den direkten Exportweg sprechen würde. Außerdem verringert sich zusätzlich bei der indirekten Exportvariante der Ressourceneinsatz, sowie das niedrigere Risiko bei der Auslandsmarktbearbeitung (Surig, 2017, S.90)

Sollte nach erfolgreichem erschließen des europäischen Marktes an eine Expansion auf den Asiatischen Markt gedacht werden, so wird die Suche nach einem Joint-Venture-Partner empfohlen. Hintergrund ist das fehlende Wissen über diesen Markt aufgrund von großen rechtlichen und kulturellen Unterschieden. Der Partner sollte daher über ausreichend Marktkenntnisse des asiatischen Marktes verfügen (Mettig, 2018, S. 177).

3. Literaturverzeichnis

Bartlett, C.A.; Ghoshal, S. (1989). *Managing Across Borders, The Transnational Solution*. Boston: Harvard Business School Press.

Gutting D. (2020). Globale Markenführung. In: *Interkulturelles Marketing im digitalen Zeitalter*. Wiesbaden: Springer Gabler. doi:10.1007/978-3-658-29429-8_7

Johnson, G., Whittington, R., Scholes, K., Angwin, D., Regnér, P. (2014). *Exploring strategy* (10. Aufl.). Harlow: Pearson Education Limited.

Macharzina, K., Wolf, J. (2015). *Unternehmensführung: Das internationale Managementwissen; Konzepte - Methoden – Praxis* (9. Aufl.) Wiesbaden: Springer Gabler.

Mettig, T. (2018). Grundfragen der Unternehmensführung. 2. Aufl., Studienbrief der SRH Fernhochschule. Riedlingen.

Müller-Stewens, G.; Lechner, C. (2011). Strategisches Management. Wie strategische Initiativen zum Wandel führen; der St. Galler General Management Navigator (4. Aufl.). Stuttgart: Schäffer-Pöschel.

Perlitz, M., Schrank, R. (2013). Internationales Management, (6. Aufl.) Stuttgart: Lucius & Lucius.

Rayna, T., Striukova, L. (2009). The Curse of the First-Mover: When Incremental Innovation Leads to Radical Change, *International Journal of Collaborative Enterprise*, 1.Jg., Nr.1, S.4–21.

Rodrigues C (2009). *International Management. A cultural approach*. Thousand Oaks: Sage.

Statista Research Department (2012). Kosten von Carbon, Aluminium und Stahl im Vergleich 2010 und 2030. Zugriff am 12.03.2021. Verfügbar unter https://de.statista.com/statistik/daten/studie/221687/umfrage/vergleich-der-kosten-von-carbon-aluminum-und-stahl/

Sure, M. (2017). *Internationales Management: Grundlagen, Strategien und Konzepte*. Wiesbaden: Springer Gabler. doi:10.1007/978-3-658-16163-7

Wilke. (o.D.). Carbon vs. Aluminium: Welches Material ist besser für Mountainbike Rahmen geeignet? Zugriff am 26.02.2021. Verfügbar unter https://dirtmountainbike.de/featured/carbon